मरुधरा सूं निपज्या गीत

मरुधरा सूं निपज्या गीत

विश्वविख्यात गीतकार 'इकराम' के
रसीले 'राजस्थानी' गीतों का नज़राना

इकराम राजस्थानी

वाणी प्रकाशन

वाणी प्रकाशन
4695, 21-ए, दरियागंज, नयी दिल्ली 110 002
शाखा
अशोक राजपथ, पटना 800 004
फ़ोन : +91 11 23273167 फ़ैक्स : +91 11 23275710
www.vaniprakashan.in
vaniprakashan@gmail.com
sales@vaniprakashan.in

MARUDHARA SOON NIPAJYA GEET
by Ikraam Rajasthani

ISBN : 978-93-5229-632-3
Geet

प्रथम संस्करण
मूल्य : ₹ 250

सिटी प्रेस, दिल्ली-110 095 में मुद्रित

वाणी प्रकाशन का लोगो मक़बूल फ़िदा हुसेन की कूची से

‘राजस्थानी’ हो गयो, अब म्हारो उपनाम।
मैं मायड़ रो लाडलो, जग जाणे ‘इकराम’॥

सारे जग में गूँजता है राजस्थान

गोरे धोरों और मीठे मोरों की गौरव धरा राजस्थान के गीत, सारे विश्व में, अपनी अनूठी पहचान रखते हैं—मुझे गर्व है कि मैंने, शक्ति और भक्ति, धर्म और कर्म, त्याग और तपस्या की इस महिमामयी धरती पर जन्म लिया है।

पुण्य भूमि, इस धन्य धरा को, शत-शत वन्दन है।
माटी है बलिदानी, इसका कण कण चन्दन है॥

मैंने कुछ ऐसे गीत लिखे जो इस माटी की पहचान बन गये। राजस्थान की लोकधुनें मेरे मानस में रम गयी हैं इसलिए मैंने उन पर आधारित कुछ गीतों की रचना की जो मेरे जीवन काल में ही लोगों को लोकगीत होने का आभास देने लगे। मैं इसे अपनी उपलब्धि और गौरव ही मानता हूँ।

श्री संदीप भूतोड़िया, सुप्रसिद्ध संस्कृतिकर्मी और उद्योगपति के एक कार्यक्रम में, जब मशहूर गायिका उषा उत्थुप के साथ मुझे गाते हुए सुना, मेरा अन्तर्राष्ट्रीय गीत, 'इंजन की सीटी मं म्हारो मन डोले' तो वाणी प्रकाशन के प्रबन्ध निदेशक श्री अरुण माहेश्वरी ने मुझसे आग्रह किया कि वे मेरे लिखे राजस्थानी गीतों का एक संग्रह प्रकाशित कर, संसार के सामने राजस्थान को प्रस्तुत करना चाहते हैं। मैंने उनकी

बात को स्वीकार कर लिया, और परिणाम आपके सामने है 'मरुधरा सूं निपज्या गीत'।

मैं गीत लिखता हूँ, उन्हें गाया जाता है, उन पर समाज झूमता है, परिवार प्रसन्न होते हैं और राजस्थानी संस्कृति का एक दर्पण उन गीतों के माध्यम से झाँकता है। आपके स्नेह और प्रीत के नाम मेरी ये पुस्तक।

जयपुर : 1 जनवरी 2017

इकराम राजस्थानी
अक्स, 1 ख, 10,
हाउसिंग बोर्ड, शास्त्री नगर
जयपुर-302016

अनुक्रम

म्हारो गाँव

कैसो प्यारो म्हारो गाँव,
सारा जग सूँ न्यारो गाँव,
एक दूसरै का सुख दुख नै
जाणै सारो गाँव।
म्हारो गाँव...

सोना चाँदी जियाँ चमकै, चोखा थारा खेत,
माटी मँ निपजै छै, जीं डै सदा हेत ही हेत
झोळी बाँटो, अब भी बाँटे,
प्रेम उधारो गाँव।
म्हारों गाँव...

शहराँ मं तो चारूं कानी, होरी मारा मारी,
मेरो गाँव तो अब तक महकै केसर की सी क्यारी,
कुआँ-बावड़्याँ मँ चमकै
बण कै उणियारो गाँव।
म्हारो गाँव...

जियाँ मनावाँ, मान जाय छै, सीधा सादा लोग,
प्रेम भाव सबका समझै छै, कमती ज्यादा लोग,
मिसरी को सो मीठो लागे,
कोनै खारो गाँव।
म्हारो गाँव...

आछा दिन

कीं डै गुमगा आछा दिन।
कद आवैला पाछा दिन।
पकड़्याँ सूँ भी नहीं रुकैला
कैसी भरे, कुलाँचा दिन।

मिनख-मिनख सूँ राजी रहता
कैसा छा बै साँचा दिन।
नित की ऊठो, तो यूँ लागै,
मारै-घणा, तमाचा दिन।

गली, गुवाड़्याँ में डोले छा
काका, भाया, चाचा दिन।
आजकाल तो होगा देखो,
मिनखपणाँ सूँ काचा दिन।

राजनीत कै माँयनै

राजनीत कै माँयनै,
यो छै पैहलो ज्ञान।
सगा बाप की बात भी
मत लीजै तू मान॥

❑

तीरथ करलै खूब तू,
घणाँ लगालै जाप।
बिन सेवा बेकार सब,
पैल्याँ माँयड़ बाप॥

शेखावाटी

पग पग पै रमता देव जठै, या मरयादा की माटी है।
ई माटी रो वन्दन करल्याँ, या म्हाँ की शेखावाटी है।
कठै खीचडो कूटे गौ री, कठै दूवै है गोजरो
कठै पटेलण रोटी पौवे, कठै सिजोवै सौगरो,
आ शेखावाटी नार, देखल्यो कंचन की सी काठी है।
या म्हाँकी शेखावाटी है...

ओ शेखावाटी छैलो देखो, रंग रंगीलो घूमे है,
अलगोजां की टेर बजाकै, भेडा मेयो झूमे है,
और हाथ मं तेल पियोड़ी बड़ी जोर की लाठी है।
या म्हाँकी शेखावाटी है...

ई धरती का बै वीर पुत्र, तोपों का गोवां सूं लडगा,
दे दीन्ही जान, भलां ई, पण, मायडेरे खातर बै अड़गा,
या देख वीरता वीरां री, दुसमनरी छाती फाटी है।
या म्हांकी शेखावाटी है...

हँसता-हँसता ही प्राण लुटा बाडां की धरती या ही है,
जद जद भी संकट आयौ है या वण-र-भवानी छाई है,
मरबा रै खातर जीणै की बस, अठै रही परिपाटी है
या म्हाकी शेखावटी है...

रसगुल्ला भी फीका लागे, बरफी मं भी बो मजो नही
थे छप्पन भोग भली करल्यो, बां को सवाद भी अस्यो नहीं,
पकवानां को सिरमौर, आपणी दाळ चूरमा बाटी है
या म्हाकी शेखावटी है...

या बात बोलसी जणो जणो

या बात बोलसी जणो जणो।
मरुधर सूं, म्हानै हेत घणो।
इण मं राणां री तलवारां,
मीरा रो जिणमं मिनख पणो।

माँ-रो-मोल पिछाणो रे

पग पग, म्हाँकी माँयड़ भटकै,
माँ को दरद पुराणो रे।
धोरां धूळी, मोत्याँ मूंगी
इण रो मोल पिछाणो रे।

बाळ पणां सूं ले-र बुढ़ापा
तक यो चाले सागै रे,
माँयड़ जद मन मं मुळकै
तो हूक हिया मं जागे रे।

ईं के बिन, थे नहीं जिवोला,
या थे, नींकां जाणो रे।
धोरां घोळी, मोत्यां मूंगी,
इण रो मोल पिछाणो रे।

मिनख जमारो मिलय्यो म्हानै,
ईं-मं-बस यो काम करां,

म्हाँ की माँयड़ भासा को म्हें,
सारा जग मं नाम करां।

यो जीवण तो बस माँयड़ कै,
नाम ही कर कै जाणो रे।
धोरां घोळी, मोत्यां मूंगी,
इण रो मोल पिछाणो रे।

'जय राजस्थानी' बोलो

जय राजस्थानी बोलो,
थे गाँठ हिया की खोलो!
सबसूं मीठी बोली ईनै,
मोत्याँ मं थे तोलो।
जय राजस्थानी बोलो!

या तो म्हें भी जाणां,
म्हाँकी न्यारी न्यारी बोल्याँ,
पण म्हें जी सूं बात करांछा,
म्हे बीं का ही होल्याँ,
मन री बातां, मन ही जाणै
हिवडै माँय टटोलो।
जय राजस्थानी बोलो!

आपस मं जद बात करां,
तो माँयड़ मन मं मुळकै,
ईं का आखर-ऐसा,

जाणै मोतीड़ा सा ढुळकै,
आपस मं सब मिलकै
ईनै प्रेम का रस मं घोळो।
जय राजस्थानी बोलो।
सब गाँठ हिया की खोलो।

या गूँजे सारी दुनिया मं

या गूँजे सारी दुनिया मं,
या ही म्हाँकी अभिलासा छै।
जण जण रो नेह भर्‌यो इण मं,
सोळह करोड़ की आसा छै।

क्यै करसी म्हांको अन्धकार,
जद मायड़ म्हाँकै-सागै छै,
हिवड़ै मं जोत जगा बाळी
या 'राजस्थानी' भासा छै।

कतरा ही आगे बढ़ जाओ,
कतना ही ऊँचा चढ़ जाओ,
मायड़ भासा कै विनभाया
सब झूठा, खेल तमासा छै।

नींत माँय छै खोट

जो भी मांयड़ नै दे चोट।
बां की नींत माँय छै खोट।
गाँठ बाँध ल्यो करल्यो नोट,
बां की नींत माँय छै खोट।

म्हाँ का ही बळ पर ये सारा,
बड़ा मिनख बण जावे,
माँयड़ भासा बैठी बिलखे,
ये सब मौज मनावे,
खा रह्या काजू अर अखरोट।
बां की नींत माँय छै खोट।

म्हाँका मूंडा आगे तो सब,
मीठी मीठी बात करे,
घट माँही बस खोटा गढ़र्‌या,
लुख छिपकै सब घात करे,
सारा लूट रह्या छै नोट।

बां की नींत माँय छै खोट।
मायड़ भासा नहीं एकली,
सागै चालै घणा सपूत,
साथ नहीं जो दे माँयड़ को
बा नै यो जग कहै कपूत,
कद तक बचसी लै के ओट।
बां की नींत माँय छै खोट।

कुरसी माळै ना कै बैठ्या
सुख सपनां में झूल गया,
जी मायड़ सूं जनम लियो,
ये बीं मायड़ नै भूल गया,
माँ को गळो रह्या जो घोट।
बां की नींत माँय छै खोट।

महमाँ राजस्थान री

प्राण सूं प्यारो राजस्थान
नैण रो तारो राजस्थान,
म्हानै चोखो घणो लागे।
म्हानै भालो, घणो लागे!

जोतसी जगावे, हिवड़े, रूपालो जोधाणो सा,
धोरां धोरां सूरजियो, नित्तकी उगाणो सा,
कण कण सोना जूं दमके, मन माँ पिछाणो सा,
म्हानै चोखो घणो लागे।
म्हानै प्यारो, घणो लागे।

बीकाणै में सदा बरसे, सावण सजीलो सा,
होल्याँ सूं झांके जठै रूप भी रंगीलो सा,
को राणी कैसागै चालै बादीलो हठीलो सा,
म्हानै चोखो घणो लागे।
म्हानै प्यारो, घणो लागे।

इण रा धोळा-धोळा धोरा,
जां पै, नाचै छोरी छोरा,
नथ रो मोती भळ भळ भळकै,
चूंदड़ सांगानेरी पळके,
देखो हाड़ौती को छैल,
चाल्यो को राणी की गैल,
गूँजे अलगोजां की टेर,
गोर्‌याँ नाचे घेर घुमेर,
लागै, पग पग माळै मेळा,
म्हानै चोखो घणो लागे।
म्हानै प्यारो, घणो लागे!

थारी भूरी भूरी रेत

थारी भूरी भूरी रेत,
थारै कण कण माँही हेत,
म्हारे काळजा की लागे तू तो कोर काटी।
म्हारे हिवड़ा माँही, नाचे मीठा मोर माटी॥

थारो कण कण ऐसो दमकै,
जाणै चमके हीरा,
घोळा-घोळी घोरां माळै
नाचै मन की मीरा,
थारे समदरिया की ओर ना ही छोर माटी।
हिवड़ा माँही नाचे मीठा मोर माटी॥

उठै बगूलो गरमी को, तन में
सूरज कै सागै,
रात चाँदनी माँही बाळू,
कतरी ठंडी लागै,
तू छै चन्दा म्हारो, मैं थारी चकोर माटी।
हिवड़ा माँही नाचे, मीठा मोर माटी॥

दुनिया तूनै लाख बतावै,
सूखो रेगिस्तान,
मैं थारा कण कण पै वारूं,
पल पल म्हारी जान,
    मूनै नीड़े-नीड़े खींचे थारी डोर माटी।
    हिवड़े में नाचै मीठा मोर माटी॥

इंजन की सीटी मं, म्हारो मन डोले

इंजन की सीटी मं, म्हारो मन डोले।
चला-चला रै डलैवर गाड़ी होले होले।
इंजन की सीटी...
सूधी-सूधी, पटड़ी माळै, इंजन सरपट दौड़े,
डग डग डग डग डब्बा हालै, सब स्टेशन छोड़ै।
चला चला रै...
घणी जोर का झटका लागे, तन मन हाले सारो,
चले हवा को सूंटो, जी सूं घूंघट उड़्रयो म्हारो!
चला चला रै...
फक फक इंजन दौड़ रह्यो, सब डब्बा थर थर धूजै,
कीं डै जार, रूकैली गाड़ी, मन यो म्हारो बूझे!
चला चला रै...
साजन का सुपना मं खोगी मन म्हारो शरमागो,
झटको खाकै गाड़ी रुकगी, झट स्टेशन आगो!
चला चला रै....

छैला देख कै बजावे मूनै सीटी

छैला देख के बजावे मनै सीटी।
म्हारा कानां मं, लागे या मीठी मीठी।

चायै जाऊं कोई रोड़ पर,
निकळूं चायै कोई मोड़ पर,
छोरा आगे-पाछै आवै
मन की मूनै बात सुणावे,
कोई 'डार्लिंग' कोई 'लवली' कोई कहवै 'स्वीटी'।
छैला देखकै बजावे मूनै सीटी!

जद पकडूँ मैं लोकल गाड़ी
कतरा म्हारे आवे पछाड़ी
कतना मेरे चाले अगाड़ी
कोई पकड़ले मेरी साड़ी
बिना टिकिट मैं सर सर निकळूं, देखतो रहवे टी.टी.।
छोरा देखकै बजावे मूनै सीटी।

देख कै म्हारी चम चम चोली
घणां दिलां पर लागे गोळी,
सुण कै या पायल की छम छम,
छोरा बोले, छोरी थम थम,
'एटम बम' कोई बोले तो कोई कहे अँगीठी।
छोरा देखकै बजावै मूनै सीटी।

छैल छबीली छोरी बोली, प्यार का मीठा बोल

छैल छबीली छोरी बोली, प्यार का मीठा बोल।
कम हियर माई डियर।
रूप रंगीलो देखके होगी, दुनिया डाँवाडोल,
कम हियर माई डियर।

आज काल कोलेज तो देखो,
कसी बावळी ऐज तो देखो,
माडर्न स्टूडेण्ट तो देखो
सब इंटीलेजेंट तो देखो,
प्रोफेसर नै लड़की बोले, घुमाकै आंख्याँ गोळ।
कम हियर माई डियर।

दिल को जद जंक्शन होवे छै,
शादी को फंक्शन होवे छै,
शहनाई भी बज री देखो,
और बींदणी सजरी देखो,
नई बीनणी ससुर सूं बोली, कार की खिड़की खोल।
कम हियर माई डियर।

ये कौनै झुर्याँ गालां पर,
नहीं सफेदी या बाळां पर,
ऊंठयाँ, बैठ्यां निकळें जान,
मन है फिर भी घणो जवान,
बूढ़ा बूढ़ी चोंच लड़ावै, छुपाकै सारी पोल।
कम हियर माई डियर।

बाजरा की रोटी म्हारै कौण पोवेगो

पु. : बाजरा की रोटी म्हारै कौण पोवेगो।
पाछी चाल-ए-नाराणी म्हारो जीव रोवेगो।
स्त्री : जीं दिन की तू बात यादकर-पापड़ा माळै,
कैंयाँ मारी रै परमात्या, खुरपा दांतळा माळौ!
पु. : अब कौनै मारूंला, तू नै राम जी की सूं,
तू तो बिना बात, दरणावै, तूनै काम की खूं छूं।
स्त्री : थारै घर को काम एकली म्हारे पै छोड़े,
थारी भाण और भाभी तो घर मं फूस ना तोड़े।
पु. : भाभी नै भायो समझासी, भाण को होसी ब्याव,
मै डोलूंला एकलो, अब तू कर दे न्याव।
स्त्री : ताखड़ी को तोल्यो, म्हारै कैंया घटगो,
कौने चालूं रै पर भात्या म्हारो बाप नटगो।
पु. : तेरा बाप नै मैं समझास्यूं, बात करे तू थोथी,
ब्याही बेटी, पीर माँयनै, कोने लागे चोखी।

बोलेरो मं बैठ

बोलेरो मं बैठ आपां दिल्ली घूमाँला।
लाल किला कै माळै, दोन्यूं फोटू खींचाला।
बोलेरो मं बैठ...

चूड़ी, टीकी, बंगड़ी लेले, माल मिले छै थोक,
दिन हो चायै रात, चमकर्‌यो देख चाँदनी चौक।
बोलेरो मं बैठ...

देख ध्यान सूं गौरी, आपां दिल्ली आगा ठेठ,
हैला मारै ऊभौ ऊभौ, झांक इण्डिया गेट।
बोलेरो मं बैठ...

यो छै संसद भवन, बात है ई की सब सूं न्यारी,
जो भी घुसगो, बींकी सुधरी, सात पीढ़ियाँ सारी।
बोलेरो मं बैठ...

या दिल्ली छै, ई डै बरसै सदा प्यार ही प्यार,
लाल किला सूं लिपट लिपट कै बोले कुतुबमीनार।
बोलेरो मं बैठ...

डांडिया गीत

आओ जी बलम जी आपां डांडियो करां।
आओ आओ साजना जी रास म्हें रचां।
आओ जी...

छोड़ सारी बातां, रचां, रास आओ जी,
दूर मत ना जाओ, थोड़ा पास आओ जी,
नैणां ही नैणां में थोड़ी बात भी करां...।
आओ जी बलम जी, आपां डांडियो करां।

देखूं तो डिवड़ा में, म्हारे दीवला जळे,
हिवड़ो धड़कै और मन में प्रीत सी पळे,
हेत भरी रेत पै, म्हें पांव जद धरां।
आओ गोरी आओ आपां डांडियो करां।

रंग रंगीलो डांडियो, यो ठक ठक करे,
हिवड़ा माँय देखो, कैसी धक धक करे,
नैणां में रमा ल्यूं थानै, सांस में भरां

आओ आओ गौरी आपां डांडियो करां।

घूंघरा सा बाज रह्या कैसा चाल पे,
धडकणाां में गीत गूँजे, सारा ताल पे,
राधा कृष्ण जियां आपा रास अब रचां।
आओ जी बलम जी आपां डांडियो करां।

कबूतर बोले

पु. कुआँ मं कबूतर बोले, गुटर्र गूं
ए छोरी गुटर्र गूं।
नीचां नै तो झांक जरा सी,
मैं कोई खूं छूं।

स्त्री. मैं तो कोनी समझूं थारी गुटर्र गूं।
गुटर गुटर क्यूँ करतो डोले कांई कहवे तू...।
कैंया समझ में आवे म्हारे, सीधो सीधो बोल,
घुट घुट कै क्यूँ रहवे अतरो सूंडा नैतो खोल,
तू ही बता दे थारी बातां मैं कैंया समझूं...।
मैं तो कोने समझूं...

पु. अतरी स्याणी मत बण छोरी, सब समझै है बात,
आजा आपां सागै डोलां, ले-र- हाथ मं हाथ,
गुटर गुटर गूं को मत लब छे, आई लव यूं।
कुआँ में कबूतर...

स्त्री. और घणी छोरयाँ छै, जग में बांके पाछे लाग,
जा'र बुझालै कींडै भी, तू थारा मान की आग,
म्हारे पाछे कैंया पड़गो, मैं तूनै पूछूं।
मैं तो कोनी समझूं...

सुपना मं आवै तो

परदेसी सूं लड़ल्यूं, दो दो हाथ कर ल्यूं।
सुपना मं आवै तो मैं भी बात कर ल्यूं।
सांझ पड़याँ की, तनै बुला ल्यूं, फेर नहीं जावादयूं,
कोई नै भी घर के माँही, जरा नहीं आवाद्यूं,
मीठी मीठी बातां मं, पर भात कर ल्यूं।
सुपना मं आवै तौ...

तनै खुलाऊं मालपुआ अर चोखी रांधू खीर,
मूंडा में द्यूं तेरे निवाला, सुधर जाय तकदीर,
मैं भी बालम ब्याळू थारे साथ कर ल्यूं।
सुपनां मं आवै तो...

तन मान माँही आग लगी छै, ई नै किंया बुझाऊं,
परदेसां सू आवो साजन, झांला दे'र बुलाऊं,
चढ़ी प्रेम की बादळी, बरसात कर ल्यूं।
सुपना मं आवै तो...

घरां पधारो, तनै बुलावै, काळजा जा की कोर,
थे तो म्हारा ईसर लागो, मैं थांकी राण गोर,
चमक चांदणी, तारां की बारात कर ल्यूं।
सुपना मं आवै तो मैं भी बात कर ल्यूं।

मक्का री रावड़ी

अैंया बणगी मक्का की रावड़ी।
ई नै तोलो, हिया की ताखड़ी।
मक्का री रावड़ी...

खेत मं जा कै सिट्टा तोड़्या,
भर लीन्हीं बां सूं छावड़ी।
मक्का री रावड़ी...

ऊंखळ मूसळ मं जद कूटी,
नीचे लगाय दीन्हीं छाबड़ी।
मक्का री रावड़ी...

जाय चढ़ा दी चूल्हा माळे,
नीचै लगाय दीन्हीं लाकड़ी।
मक्का री रावड़ी...

गरम गरम जद पीवा लाग्यो,

बळगी पूंछ्याँ बापड़ी
मक्का री रावड़ी...

दूध बिना ही पीणो पड़सी
भैंस तो होगी म्हारी बांखड़ी।
मक्का री रावड़ी...

पीतां ही भरग्यो पेट भी म्हारो
होठां पै जम गई पापड़ी।
मक्का री रावड़ी...

घरहाळी भी राजी हो गयी
नाम है जीं को धापड़ी।
मक्का री रावड़ी...

(लोकगीत पर आधारित)

बोलो क्यै? पहेलियाँ

बैरी नींद मं ही आवे,
मू नै सूती ने सतावै,
बो तो रात नै ही आवे,
    बोलो क्यै?
    बै तो म्हे
    नहीं जी 'खटमल'।

म्हारै बीच कमरिया झूमे,
जाणे बिरखा बेलां लूमे,
म्हारे सागे सागे घूमे,
    बोलो क्यै?
    बै तो म्हे!
    नहीं जी 'नाड़ो'।

जी को रूप सलोणो लागे,
बोली मीठे मिसरी लागे,

जीं कै आया किस्मत जागे,
बोलो क्यै?
बै तो म्हे
नहीं जी 'कोयल'।

बाळू रेत मं कुदाई म्हारा पग बळगा

बाळू रेत मं कुदाई म्हारा पग बळगा।
पायलड़ी का मोती म्हारा मारे पळका!
पड़े तावड़ो जोर को, अर म्हारी कोमल काया,
दूर-दूर तक निजर नं आवै रूंखड़ा की छाया,
बाळू रेत मं...

नीचे सूं तो पगल्या बळगा, ऊपर चुभै पसीनो,
लाज सरम सूं, मर मर जाऊं घूंघट झीणो झीणो,
बाळू रेत मं...

मैं हूँ थारी गोरड़ी अरे सुण साजन निरमोही,
मनै उठालै गोदी में तू, नहीं देख रह्यो कोई,
बाळू रेत मं...

ब्याव में नचा दे...

छोटा देवरिया का ब्याव मं, नचा दे बलमा।
म्हारी पायलड़ी मं घूघरा लगा दे बलमा।
चूरू की तो चोली, ल्यादे, बीकानेर की बाळी,
कोटा को काजळियो गैरुं, मैं छू नखराळी,
काळी चूंदड़ी पै, मोतोड़ा, जड़ा दे रसिया!
छोटा देवरिया का ब्याव मं...

साठ कळी को लहंगो, जी पै झालर गोटादार,
म्हारे सागै थे भी नाचो, ओ म्हारा भरतार,
म्हारे साथ तू भी ठूमको लगा दे बलमा।
छोटा देवरिया का ब्याव मं...

बणै वीडियो, और भंवर जी, घणा खिचैला फोटू,
म्हाँ दोन्याँ कै बीच नाच सी यो प्यारो सो छोटू,
वीडियो को एलबम वणा दे बलमा।
छोटा देवरिया का ब्याव मं...

सासू-ससुरा, दोन्यू नाचै, नणदल दे फटकारो,
मैं भी छोटी भाभी लागूं, जीव मचल रयो म्हारो,
गोदी मं तू थोड़ो सो उठाले बलमा।
छोटा देवरिया का ब्याव मं...

मेळा में

छोरी मेळा में, चालांला आपा मेळा में।
भीड़ भाड़ सूं न्यारी रीजै, मत बड़जे रेळा में।
छोरी मेळा में।

दुनिया में सरनाम छै, या जैपुरिया की तीज,
टपक टपक रंग बरसै, जी में लहगो जावै भीज
छोरी मेळा में।

आपां दोन्यूं धोक लगावां, नित की आतां जाता,
देख चाकसू मेळो, दरसण करां सीळक्यां माता,
छोरी मेळा में।

कोराणी लै चाल दिखाद्यूं, कोटा की दसवारो
सोच समझकर दीजै, थारा घूंघट को फटकारो,
छोरी मेळा में।

मेळा, ठेलां मायं गोरड़ी, घणां फिरे छै लुक्का,
मूनै तो रंडुवो कर देसी, थारा कर ले टक्का
छोरी मेळा में।

तू खोल दे, म्हारो ताळो

स्त्री. तू खोल दे, म्हारो ताळो,
अरे सुणरे चाबी वाळा।
म्हारै घरां नहीं वाळो,
अरे सुण रे चाबी वाळा।

पु. ताळो नयो नयो छै थारो,
अरे सुण रे ताळा बाळी।
तू कह्यो मान ले म्हारो,
अरे सुण रे ताळा बाळी।

स्त्री. ताळो ठोक, बलम तो बैरी, जा बैठ्यो परदेस,
गहणो सारो पड़्यो माँयनै, और कीमती बेस,
जीं पै लहंगो मोत्याँ हाळो,
अरे सुण रे चाबी वाळा।

पु. पैली नींका सोच समझ ले, काढ़ ले मन को खटको,
चोट पड़ैली ताळा पर, अर लगे जोर को झटको,
कुन्दो टूट जायलो थारो,
अरे सुण रे ताळा वाळी।

स्त्री. नयो नयो ताळो छै, पण या कहवै सब संसार,

पड़्यो रहेलो ज्यादा दिन तो हो जासी बेकार,
ईंयर लाग न जावै जाळो,
अरे सुण रे चाबी वाळा।

पु. कान खोलकर सुणले पैल्याँ, छैल छबीली नारी,
टूट फूट जासी तो, म्हारी कौने जिम्मेदारी,
ईं में दोस नहीं कुछ म्हारो,
अरे सुण रे ताळा वाळी।

आजा गोरी आजा थोड़ो प्यार कर ले

आजा गोरी आजा थोड़ो प्यार कर ले।
अँखियाँ मिलाके आंख्याँ चार कर ले।
मैं थारे नैणां में, म्हारे हिवड़े में तू,
म्हारो मन यो कहवै, पिया आई लव यू।
अंग्रेजी में बोले, कैसी चोखी लागे तू,
मैं तूं नै बोलूँ, गौरी आई लव यू।
ढोला थारी याद, मूनै रात नै जगावे,
सो जाऊँ, तो तू ही म्हारा सुपनां में आवे;
चारुं कानी, मैं तो तूनै हेरती फिरूँ।
मनड़ो पुकारे, ढोला, आई लव यू।
आजा गोरी आजा थोड़ो डांस कर ले।
हिवडे सूं लगाके, रोमाँस कर ले।
आग लगादे मन में, जद तू मंदरी मंदरी मुळके,
ठुमक ठुमक कर चाले, जाणै मोतीड़ा सा ढुळके,
तीखा तीखा नैणां की कटार कर ले।
आजा गोरी आजा थोड़ो प्यार कर ले।

(फ़िल्म : कजराली-नखराली)

थारा तीखा तीखा नैण

पु. थारा तीखा तीखा नैण, सीधा हिवड़ा माँही लागे,
देख के थारो रूप सलोणो, भूख माँयली जागे।
स्त्री. मैं जोबन की राणी, सारी दुनिया चाले सागे,
हाथ नहीं आऊँली थारै, क्याँ डै पाछे भागे।
पु. धक धक करबा लाग्यो, देख काळजो म्हारो,
धीरे धीरे मार जरा सो लहँगा को फरकारो।
थारा तीखा तीखा नैण...
स्त्री. सौ मोहरां की अंगिया म्हारी लाख मोहर को लहँगो
पहन बजारां निकळूं तो मैं सोनो कर द्यूं महँगो।
मैं जोबन की राणी...
पु. हिरणी जैसी आँख्याँ, जा में डोरा खिंचर्‌या लाल,
पतळा होळ, भंवारा तीखा, और गुलाबी गाल।
थारा तीखा तीखा नैण...
स्त्री. भोळी भोळी मत समझे तू, मैं भी छूं हुशियार,
घणां डोल र्‌या म्हारे पाछे, माँग रह्या छै प्यार।
मैं जोबन की राणी...

म्हारै हिवड़े में बस जाओ

म्हारै हिवड़े में बस जाओ
म्हारै नैणां में रम जाओ,
थानै देख्याँ देख्याँ जीऊँ,
थांके प्रेम रो रस मैं पीऊँ!

थानै देखूँ तो मन धड़कै,
म्हारी आँखड़ल्याँ क्यूँ फड़कै,
थां के प्रेम रो रस मैं पीऊँ,
थानै देख्याँ देख्याँ जीऊँ!

गोरी गोरी थारी कळाई जा में चूड़ी लाल,
ठुमक ठुमक कर चालै पग में पायल करे कमाल,
थारी चूड़ी चम चम चमकै,
जां में मोतीड़ा सा दमकै,
थां के प्रेम रो रस मैं पीऊँ,
थानै देख देख में जीऊँ!

थे मिलगा तो भूल गयी मैं बालम जी जग सारो
थां का नैणां में भी निरखू म्हारो उणियारो,
म्हारी सांसां में थे बसगा,
म्हारे मन का दिवला चसगा
थानै देख्याँ देख्याँ जीऊँ,
थां के प्रेम रो रस मैं पीऊँ!

(फ़िल्म : कजराली-नखराली)

प्रीत क्यूँ करे!

प्रीत क्यूँ करे रे मनडो, प्रीत क्यूँ करे।
जीवड़ो जळावै, बीनै मीत क्यू करे।
प्रीत क्यूँ करे!

छानै छानै, चुपकै चुपकै
हिवडै में बस जावे,
काजळियो वण जावै बैरी,
नैणां मं रम जावै,
कजरारी आँख्याँ मं पोछे, आँसूड़ा भरे।
प्रीत क्यूँ करे!

चंदा खातर जिंया चकोरी
डोले आगे आगे,
छाया वण के मैं भी पाछे
भागूँ सागे सागे,
पण पाछे छाया सूं भी यो जीव क्यूँ डरे।
प्रीत क्यूँ करे!

जां आँख्याँ मं साजन बस र्‌या,
वै आँख्याँ क्यूँ रोवै,
मनड़ो तोड़ गयो निरमोही,
नींकां सुख सूँ सोवै,
मिरगा नैणी रा नैणां क्यूँ
आँसूड़ा झरै।

प्रीत क्यूँ करे!

सीटी बजगी

मैं तो नींद मं सूं जागी
बीं कै पाछे पाछे भागी
म्हारे आग हिया मं लागी
मेरी सीटी बजगी।
बैरण सीटी बजगी।

मन तो म्हारो सी सी बोले, जद या पी पी बोले,
मैं सरमाऊँ, मैं घबराऊँ भेद जिया का खोले,
मेरी सीटी बजगी।

कोई तो उँगळी सूं बाजै, कोई होठ दबावै,
सब सूं मीठी, ऐसी सीटी, जो मन मं वस जावै,
मेरी सीटी बजगी।

कोई सीटी फुर फुर बोले, कोई हो जाये फिस्स,
कोई सीटी ऐसी लागे, जाणे करती किस्स,
मेरी सीटी बजगी।

ठण्डी ठण्डी लागे कोई, तन में आग लगा दे,
कोई सीटी ऐसी बोले, जो मनड़ो धड़का दे,
मेरी सीटी बजगी।

जद सूं दुनिया बणी, हमेशा सीटी बजती रहवै,
जीं की भी बज जावै, बा ही उछळ उछळ कर कहवै,
मेरी सीटी बजगी।

तनै लग्यो सौळवों साल, जवानी जुलम करै

तनै लग्यो सौळवों साल, जवानी जुलम करै।
छोरी होगी माला माल, जवानी जुलम करै।

लम्बी चोटी पाछै लटकै, नागन सी लहराय
लचक लचक कर पगल्या म्हैले, कमर सात बळ खाय,
थारी हिरणी जैसी चाल, जवानी जुलम करै।
तनै लग्यो सौळवों साल...

लूम-झूम, लहँगा के माळै, कसी कणकती लटके,
तीखो तीखो काजळ थारा नैण बीजळा पटके,
म्हारो बुरो कर्‌यो तू हाल, जवानी जुलम करै।
तनै लग्यो सौळवों साल...

असो भभकतो रूप ले-र-तू, सड़कां पर जद आवै
नैण कटारी ऐसी मारे, छैल भचीड़ा खावै,
तेरा हुया गुलाबी गाल, जवानी जुलम करै।
तनै लग्यो सौळवों साल...

म्हारा हिवडै रा थे हार

म्हारा हिवडै रा थे हार,
म्हारी टीकी री टणकार,
म्हारी पायल री झणकार,
म्हारा थे सोळह सिणगार,
म्हारा बालमा,
म्हारा साजना।

नैणां मां ही हर पल बसर्‌यो,
थांको ही उणियारो,
जां सूं दिवला जगमग जगमग
दमकै यो जग सारो,
म्हारै नैणां री थे ज्योती,
म्हारी नथरा थे ही मोती,
म्हारा बालमा,
म्हारा साजना।

थांको मुखड़ो देखके सोऊँ,

थानै देख कै जागूँ,
वण के थांकी प्रेम दिवानी
थां कै लोरे लागू,
म्हारा मन में थांकी झांकी,
नित की करूँ आरती थांकी,
म्हारा बालमा,
म्हारा साजना।

मन री धड़कन माँय सुणूं मैं
बस थांकी ही बोली,
थां सू हो वै रात दिवाळी,
अर-दिन म्हारा होळी,
थां सूं करूँ प्यार ही प्यार
थे ही म्हारा तीज तिंवार
म्हारा बालमा,
म्हारा साजना।

म्होर मेहंदी का हाथां सूं
थांकी खुशबू आवै,
मन री कोयल आठ पहर
बस थांका ही गुण गावै,
कैंया थांकी प्रीत सराऊँ,
थां पै, वारी वारी जाऊँ,
म्हारा बालमा,
म्हारा साजना।

(फ़िल्म : हुकुम)

लिछम रो गीत

म्हारा काळजा री, कोर, म्हारा काळजा री कोर।
एक रती नहीं खरचूं तूनै, म्हेलूं चोखी ठौर।
तू छीजै तो काया छीजै, थारै बध्याँ सुख होय,
देख्याँ देख्याँ जीऊँ, म्हारी काया तिरपत होय,
ऊठै हिवड़ै में हिलोर, ऊठै हिवड़ै में हिलोर।
एत रती नहीं खरचूं तूनै म्हेलूं चोखी ठौर॥
म्हारा काळजा री कोर।

पेट काट कै, तनै कमाई, माल कयाँ का गटक्या,
तू क्यै जाणै माया म्हारा प्राण तेरे मं अटक्या,
तू छै म्हारी जीवण डोर, तू छै म्हारी जीवण डोर।
एक रती नहीं खरचूं, तू नै म्हे लूं चोखी ठौर॥
म्हारा काळजा री कोर।

भाई बंध अर कुटुम कबीलो, सब मतलब का यार,
सबको बाप तो दुनिया मं छै, यो ठनठन कलदार,
यो छै सारां को सिरमोर, यो छै सारां को सिरमोर,
एक रती नहीं खरचूं तूने, म्हेलूं चोखी ठौर॥
म्हारा काळजा री कोर।

छैला देख या जवानी भरी रस की

छैला देख या जवानी भरी रस की।
थारै साथ ना चूंली म्होरे जंचगी।
म्हारी लचकै कमरिया गजब की,
सारी रात नाचूंली म्हारे जंचगी।

लहंगो म्हारो लूम झूम छै, कमर मं तगड़ी झूमे,
झुमको म्हारो झूम झूम कै, या गालां ने चूमै,
गोरा मुखड़ा माळै, काळी लट-लटकी।
थारे साथ नाचूंली म्हारे जंचगी॥

देख के म्हारौ रूप सलोणो, लाखां का दिल धड़के,
नैण कटारी ऐसी मारूं, जाणै बिजळी कड़के,
तूनै बात बताऊं कुण कुणकी।
थारै साथ नाचूंली, म्हारे जंचगी॥

गोरा गोरा मुखड़ो चिमके आंख्याँ काळी काळी,
ठुमक ठुमक कै चालूं, मैं छूं जोबन की मतवाळी,

देख्याँ जान ही निकळ जावै सबकी।
थारै साथ नाचूंली म्हारे जंचगी॥

चमक रह्यो आंख्याँ मं, म्हारे सुपणो कोई सलोणो,
मेरा रूप नै देखकै नाचे, घर को कोणो-कोणो,

ढोल बाजगा, शहनाई जिंया बजगी।
थारै साथ नाचूंगी म्हारे जंचगी॥

छोरा बोल तो सही रे, थोड़ा बोल तो सही

छोरा बोल तो सही रे, थोड़ो बोल तो सही।
थारै मन मं क्ये छै, मूंडो खोल तो सही!

कदै खुलावै पान मनै, तू कदै खुलावै डोडा,
सांची सांची कह दै, अतरा क्यूँ रगड़ै छै गोडा॥
छोरा बोल तो सही...

काम भूलग्यो सारा तू तो, क्ये जंचगी या थारै,
म्हारे आगे पीछे नित की, क्याँडें सीटी मारै॥
छोरा बोल तो सही...

टीकी बंगड़ी, जुठणा पायल और कणकती ल्यावै,
खिड़की माँही, बैठ्यो, बैठ्यो झाला दे'र बुलावै॥
छोरा बोल तो सही...

कांई तूनै चोखा लागे, मालपुवा अर खीर,
भाग भाग कर क्यूँ आवे छै तू नणदल कै पीर॥
छोरा बोल तो सही...

छोरी हो गयी सतरह बरस की

छोरी हो गयी सतरह बरस की,
जाणै कळियाँ भरगी रस की,
हो गयो गाँव मं हल्लो रे।
संभाळ तेरा पोमचा को पल्लोरे।

पतळी कमर, कणकती लूमै,
पायल ठुमकादार,
चम चम तेरी चोली चमकै
लहँगो गोटादार,
पकडूँ तेरी आँगळी, पहना द्यूं छल्लोरे!
सँभाळ थारा पोमचा को पल्लो रे!!

तू बसगी नैणाँ मं म्हारे
उड़गी सारी नींद,
सुपनां मं घोड़ी पै चढ़कै,
बण्यो फिरूँ मैं बींद,
घर का सारा काम भूल ग्यो

मैं तो हुयो निठल्लो रे।
सँभाळ तेरा पोमचा को पल्लो रे॥

मन मं लाडू फूटे, जद तू
मंदरी मंदरी मुळकै,
चलै सड़क पर अैयाँ,
जाणै मोतीड़ा सा ढुळकै,
जो भी देखे, कहवे तूनै
छम्मक छल्लो रे।
सँभाळ तेरा पोमचा को पल्लो रे॥

मैं रंगीलो विण जारो

मैं रंगीलो विण जारो
हूँ रंगीलो बिण जारो
म्हारो रूप घणो ही प्यारो,
ई सारा जग सूं न्यारो।
मैं रंगीलो विण जारो।

गाड़ी बोले, रुणझुण-रुणझुण
धोरा बोले, सुण-सुण-सुण-सुण
बाळू माटी मं भी दमकै
म्हारो ही उणियारो।
मैं रंगीलो विण जारो।

खेजड़ा के नीचे गूँजे अलगोजां डी टेर,
बाड़मेर सूं कस्यो सोवणो, दीखे जैसलमेर,
रेत समन्दर उठे हिलोरां
रेत को निकळै धारो।
मैं रंगीलो विण जारो।

धोळा धोला धोळां माळे जद भी बरसे मेह
आंख्या मं सुपनो सो लागे झिरमिर प्यारो नेह
ईं के आगे फीको लागे
मूनै तो जग सारो।
मैं रंगीलो बिण जारो।

काळा घाघरा को मारें मत फटकारो

काळा घाघरा को मारें मत फटकारो।
थारे आगे पाछे डोले छोरी गाँव सारो।
काळा घाघरा को...

सारे जग मं घूम-घाम, मैं तेरे गाँव में आयो,
देख कै थारो रूप भभकतो, माथो ही चकरायो,
हुयो बावळो मैं तो भोळो बिण जारो।
काळा घाघरा को...

उळझ-उळझ कै पड़ जास्यूं मैं चोटी थारे लटके
तीखा नैण बीजळया पटकै, मन मं म्हारे खटके
थोड़ी सी मुड़ जाये, कांई बिगड़े थारो।
काळा घाघरा को...

आरती ओम् बना सा

ओम् जी बना सा, थां को नाम है निराळो सा।
भूल्या भटक्या नं थे तो, बांट् र्‍या उजाळो सा।
थां कै मिलणै को म्हाने, लाग रह्‌यो चाळो सा।
भूल्या भटक्या नै...

बिगड़्योड़ा काम सारा, थे ही तो सुधारो जी,
थां को विसवास करे, देखो जग सारो जी,
घोर अंधियारा मं भी आय कै संभाळो जी।
भूल्या भटक्या नै...

म्हें भी थां के द्वारे माळै, ओम् बना आया जी,
पगल्यां मं छाला, आंसू अंखियाँ मं ल्याया जी,
दुखड़ा ये सारा म्हाँका ओम् बना टाळो जी।
भूल्या भटक्या नै...

लूला, लंगड़ा आंधा, सारा, थांकै कनै आवे जी,
रोता रोता आवै, पाछा, हंसता हंसता जावे जी,
म्हाँ पै भी किरपा कर द्‌यो, थे तो सबनै पाळोजी।
भूल्या भटक्या नै...

(फ़िल्म : जय ओम् बना सा)

धरती माँ की जय...

धरती माँ की जय बोलो, धरती माँ की जय बोलो।
सोनो चांदी निपजे इणमं, मोत्याँ सूं थे तोलो।
धरती माँ की जय...

ई धरती में निपजै देखो, कैसा कैसा लाल,
करै उनाळो जग मं सारी दुनिया होय निहाल।
धरती माँ की जय...

खेतां मं तो सरसूं फूले, अर जौवां मं दंगी,
साजन जी के सागै देखो नाचै नार सुरंगी।
धरती माँ की जय...

भूरा-भूरा टीबा चमके, दमके वाळू रेत
चाँद सुरज भी निरखण आवे, ई धरती रो हेत।
धरती माँ की जय...

ई कै आगे फीको लागे, म्हानै यो जग सारो,
इण धरती रो कण कण, म्हानै प्राणां सूं भी प्यारो।
धरती माँ की जय...

(फ़िल्म : जय ओम् बना सा)

ताण्डव करणो पड़सी

सूतो पड्यो नींद मं जाग
बाबा नीचां नं तो झाँक
थारी खोल तीसरी आँख,
शंकर ताण्डव कर दे!

फैल्यो चारूं कानी पाप
जाणै कुण दै दीन्हो शाप,
इक दिन आ जा तू चुपचाप,
शंकर ताण्डव कर दे।

होगी घणी लूट ही लूट
जनता रौवे छाती कूट
खागी आपस की ही फूट,
शंकर ताण्डव कर दे।

कैसो फेल्यो भ्रष्टाचार
धरती कर री हाहाकार
मत कर ज्यादा सोच विचार,
शंकर ताण्डव कर दे।

(फ़िल्म : ताण्डव)

घणां दिनां सूं चालर्‌यो

घणां दिनां सूं चालर्‌यो,
आपस को ये बैर।
नीड़ै आवो सायबा, अब,
मत कर ज्यो देर।

थारै-म्हारै बैर नहीं रे प्रीतम
हिवड़ै मं जाग्यो हेत।
मनड़ो तो बोले रे।

नेणां घुमड़ी बादळी,
प्रीत सूं भरगी रेत,
बैर भागग्यो सायबा,
हिवड़ै जाग्यो हेत,
मनड़ो तो बोले रे।

अब तो रोको बालमा,
रोको तीर कटार,
बिर्‌वौ उगियो प्रीत रो
फूल रही कचनार।
मनड़ो तो बोले रे।

(फ़िल्म : ताण्डव)

जटा जूट सूं गंगा निकळी

जटा जूट सूं गंगा निकळी
डमरू बाजे डम-डम-डम।
धरती डोले, अंबर बोले
भोळा शंकर बम बम बम।
शंकर जी कैलास बिराजे,
डमक डमक डम डमरू बाजे,
जद बाबो तिरसूळ घुमावे,
आमर मं सूं बिजळी गाजे।
खोल तीसरी आँख शिवा तू,
दुनिया कानी झाँक, शिवा तू,
घड़ो पाप को भरगो सारो
मिनख पणो ही मरगो सारो,
अब तो ताण्डव करणो पड़सी,
पाप नै जग सूं मरणो पड़सी,
थर-थर धरती धूजण लागे
समंदर डर सूं कांपण लागे

आँख तीसरी झांकण लागे
डर सूं पाणी माँगण लागे
आज शिवा तू ताण्डव कर दे,
जग नै फैर्‌यूँ, सुख सूं भर दे,
डमरू बाजे डम-डम-डम।
भोळा शंकर बम बम बम।

हिवड़ै री धड़कण

पु. हिवड़ै री धड़कण बोले
धड़कण मं प्रीत बोले
प्रीत मं बोले म्हारा साजन जी!
स्त्री. होठां री कळियाँ बोले
मनड़ै री गळियाँ बोलै,
गळियाँ मं डोले म्हारा साजन जी!

पु. फूल महक ज्या सारा, जद तू मंदरी मंदरी मुळकै,
अधर अधर पग म्हैले, जाणे मोतीड़ा सू ढुळकै,
नैणां रो काजळ बोले,
कैसां रो बादळ बोले,
बिरखा मं बोले म्हारी सजनी जी!
स्त्री. साजन जी नैणां मं बसग्या आंख्याँ म्हारी फड़कै,
लेकर थांको नाम, भंवर जी हियो जोर सूं धड़कै,
हिवड़ै रो हार बणा ल्यूं,
सोळह सिणगार वणा ल्यूं,
काळीजये बसा ल्यूं म्हारा साजन जी॥

ईं भैंगी बीनणी सूं, घर का बंटाढार दीखे छै

ईं भैंगी बीनणी सूं, घर का बंटाढार दीखे छै।
कै ई नै, एक का दो, और दो का चार दीखे छै।

पकड़ कै म्हारो घैंटू, फैंक दीन्यो एक झटका में,
यो म्हारो सुसरो तो, मूनै कोई पलदार दीखे छै।

मेरा फाड्या, सभी कपड़ा, बणा दीन्हो मनै मजनूं,
जमानो बोल्यो, मोहर्रम को कोई तींवार दीखे छै।

मनै सुपनो भी आवे छै तो मैं डर जाऊँ छूं यारो,
बा म्हारी बींदणी, बेलण लियोड़ी त्यार दीखे छै।

मैं राख छूं सफा चट, और बींकै मोटी मूँछ्या छै,
या म्हारी बींदणी तो, साग्योड़ी, मोट्यार दीखे छै।

बै म्हारा यार, जो फंसगा छै सारा ब्याव भगदड़ में,
बौ सब, मरबा नै बैठ्या छै, सभी बीमार दीखे छै।

लुगाई, बाप, बेटा, भाई, सारा ई कै पाछे छै
मनै तो यार, सब को बाप, यो कलदार दीखे छै।

छोटी करले डिसको

छोरी कर ले डिसको।
कमली कर ले डिसको।

कमली पहुँच गयी अजमेर
लहँगो घूमै चारूँ मेर,
छोरा देख के होग्या ढेर,
कमली कर ले डिसको।
छोरी कर ले डिसको॥

कमली जा पहुँची जब बूँदी,
डोलै आंख्याँ मूँदी मूँदी,
सबकी अक्कल कर दी ऊँदी,
छोरी कर ले डिसको।
कमली कर ले डिसको॥

कमली पहुँची झालावाड़,
झीणा घूँघट की ले आड़,

छोरा देखो आंख्या फाड़ं,
कमली कर ले डिसको।
छोरी कर ले डिसको॥

कमली जद आयी नागोर,
चमकै चूंदड़ी की कोर,
सारा शहर में होगो शोर,
कमली डिसको डिसको
छोरी कर ले डिसको॥

कमली पहुँची शहर गुलाबी,
लेकै तीखा नैण शराबी,
तालासबखुलग्याबिनचाबी,
छोरी डिसको डिसको।
कमली डिसको डिसको॥

म्हारो सायबो गयो जी परदेस

म्हारो सायबो गयो जी परदेस।
ऊठै हूक हिया में, म्हारे पल पल लागे ठेस।
म्हारो सायबो...

थांका जाबां सूं पिया, हियो हुयो दो टूक
जातां नै रोक्या नहीं, अतरी होगी चूक
म्हारो सायबो...

ओळयूं थारी सोवणी, तरस रह्या दो नैण
कद आ ओला सायबा, होठां पर ये बैण,
म्हारो सायबो...

पल पल म्हानै छेड़ती, आकै थारी बात,
दिन तो होग्या बरस बराबर, जुग भर होगी रात
म्हारो सायबो...

चूड़ी

प्रीत री निसानी चूड़ी,
प्रेम री कहानी चूड़ी,
रूप की दिवानी चूड़ी,
चूड़ियाँ तो खनन खनन बोले।
ये तो मन ही मन में सजन सजन बोले।

गोरा गोरा हाथां में जद चूड़ी पहनां
ई कै आगे फीका पड़े, सारा ही गहणां,
नींद में जगावै चूड़ी
रात भर सतावे चूड़ी,
आग सी लगावे चूड़ी,
तन सारो अगन अगन बोले।
ये मन माँही सजन सजन बोले।

जद भी सुहागण की चूड़ी कदै खणके,
चांदणी भी सेजां पै आवै छण छणके,
नाक में नथनिया बोले,

कमर में करधणिया बोले,
पगाँ में पैंजनिया बोले,
पायलिया छनन छनन बोले।
ये मन माँही सजन सजन बोले।

लुगाई

लुगाई म्हारी लड़गी, जरा सी बात पै।
खट पाटी लेके पड़गी, जरा सी बात पै।

मैं तो कह्यो बीनै, रोटी बणा दे।
बा चूल्हा, ठण्डो करगी, जरा सी बात पै।

मैं तो कह्यो बी नै पाणी तो भरल्या,
बा मटकी ऊँधी करगी जरा सी बात पै।

मैं तो कह्यो बी नै सेजां बिछा ले,
पलँग के नीचे घुसगी जरा सी बात पै।

मैं तो कह्यो, थोड़ो सुरमो लगा ले,
काजळ सूं मुंडो भरगी, जरा सी बात पै।

मैं तो कह्यो बी नै, सिणगारो सज ले,
बा मेड़ी माळै चढ़गी, जरा सी बात पै।

चड़कली

दिन ऊग्याँ उड़ जावै, चड़कली।
कद पाछी अब आवै, चड़कली।

तिणको, तिणको नीड़ बणायो,
दुखड़ो-सुखड़ो खूब सुणायो,
मुड़ मुड़ तकती जावै चड़कली।
दिनऊग्याँ, उड़ जावै चड़कली।

संगी साथी सब रह जाय,
साथ नहीं फिर कोई जाय,
रो रो नीर बहावै चड़कली।
दिन ऊग्याँ, उड़ जावै चड़कली।

जाणै कद होवे पग फेरो,
यो जीवण तो रैण बसेरो,
सोच सोच पछतावै चड़कली।
दिन ऊग्याँ उड़ जावै चड़कली।

राम भजो, इक राम जी

राम भजो, इक राम जी।
सुधरे सारा काम जी।

एक नाम साँचो छै जग में,
बाकी झूठा नाम जी।
सारी चीज बिकै ई जग में,
यो पाओ बे दाम जी।

रहे आम का आम सदा ही
अर गुठल्याँ का दाम जी।
पैल्या बीं को नाम रटो थे
फेर करो आराम जी
राम भजो इक राम जी
सुधरै सारा काम जी।

भायला

मीन न कोई मेख भायला।
या करमाँ की रेख, भायला।

चढ़तो जोबन पल मं ढळसी,
आथूणी नै देख भायला।

महल कठै, अर-कठै झोंपड़ी
सभी भाग का लेख, भायला।

करजो कौनै भलो बाप को
सायब राखे टेक भायला।

जाणै कद हो जावै पंचर
साथ राख जै जैक भायला।

तनै नौकरी कैया मिलसी।
घणां चालसी चैक भायला।

दिल्ली-दिल्ली बोल भायला

दिल्ली-दिल्ली बोल भायला।
फेर कठै भी डोल भायला।
मत कर ईं को धेलो, इंय्यां,
काया छै अणमोल, भायला।
पुण्य ताखड़ी कहवै तू नै,
झुकतो, झुकतो तोल भायला।
समझै खुद नै ढोल भायला,
ढोल माँय छै पोल भायला।
नाड़ हालसी डगमग डम गम,
कमर खायली झोल भायला।
कद समझैलो ईं दुनिया नै,
अब तो आंख्याँ खोल भायला।

गौरी

ठुमक-ठुमककरचालै,गौरी।
मूनै साथ बुलालै, गौरी।

मनै जमानो घणो सतायो,
तू भी और सतालै, गौरी।

ऐसी चालै जाणै कोई,
सुओ, दावण्याँ, माळै गोरी।

करे, उजाळो सारै जग में,
दियो हिया में बाळै गौरी।

तू भी चोखी, मौसम चोखो,
बातां मं मत टाळै गौरी।

पड्योकाळजो,पगल्याँमाळै,
नीची हो'र, उठालै गौरी।

झूठी, दुनियादारी, स्याणा

झूठी, दुनियादारी, स्याणा।
मत कर थारी म्हारी, स्याणा।

दो दिन की या मिली ज़िन्दगी,
या छै चीज उधारी स्याणा।

सूना-सूना सब रह जासी,
ऊँचा म्हैल, अटारी स्याणा।

मीठो मीठो बोल जगत में
मत कर बातां, खारी स्याणा।

राम-राम मूंडा में थारे,
मन में तेज कटारी स्याणा।

बोझ चिता को मत तोलै तू,
क्याँ की हळकी, भारी स्याणा।

भूख मं सै क्यूँ चोखी लागे
क्ये मीठी, क्ये खारी स्याणा।

पल में टिकिट कटेलो थारो,
कद तक मारा मारी स्याणा।

कतरा आर्‌या, कतरा जार्‌या,
अब कै तेरी बारी स्याणा।

चोखा करम नित्त की महकै,
कैसर की सी क्यारी स्याणा।

जतरी मिलज्या, बतरी चोखी,
तू चावै छै सारी स्याणा।

सुण, इकराम, सुणावै तू नै,
कविता कैसी प्यारी स्याणा।

ज़िन्दगी

चाले, जाणे रेल ज़िन्दगी।
होगी रेळम पेल ज़िन्दगी।

अतरी सीधी मत समझ तू,
घणो काढ़सी तेल ज़िन्दगी।

मैं तो तूनै झेल चुक्यो, पण,
तू भी मूनै झेल ज़िन्दगी।

आंख्याँ खोले, अर मुँद जावे,
दो पल को छै खेल ज़िन्दगी।

कठिन परीक्षा में बैठ्यो छूं,
मत हो जा नै फेल ज़िन्दगी।

मन को ऊँट भाग तो जावे,
हाथां राख, नकेला ज़िन्दगी।

मैं क्यै जाणू, मैं तो देखी,
तू नै पैल्याँ पेल ज़िन्दगी।

आज अठै अर काल बठै छै,
तू छै घणी छटैल ज़िन्दगी।

काम क्रोध मद लोभ मोह की
तू भी लगा, रिटेल ज़िन्दगी।

हीरा जैसो जनम मिल्यो छै
जरा ध्यान सूं, म्हेल ज़िन्दगी।

कदे हँसावै, कदे रुलावै,
मत कर अतरा खेल ज़िन्दगी।

थोथो थूंक उछाळै मत

थोथो थूंक उछाळै मत।
बात नै अैंयाँ टाळै मत।

कुणआसीअवकुणआवेलो,
बाट कोई की न्हाळै मत।

तू भी खुद भूखो रह जासी,
चील कांवळा पाळै मत।

खॉर धैंकड़ी पड़ जावेलो,
डाले-डाळै-डाळै मत!

आँधी आतां ही बुझ जावे,
ऐसो दिवलो बाळै मत।

भेद खोल देसी ये सारा
आँसू इंयाँ निका ळै मत।

मजो कौने रह्यो

ज़िन्दगाणी रो मजो, कौने रह्ययो।
इण कहाणी रो, मजो कौने रह्यो।

बात रोटी री करां, क्यै भायला,
अब तो पाणी रो मजो कौने रह्यो।

प्रीत री डोरी का, बट्ट ढीला पड़ ग्या
खींचा ताणी रो मजो कौने रह्यो।

फूली परमल, भूंगड़ा, सब भूलग्या,
गुड़ री धाणी रो, मजो कौने रह्यो।

तेल की भी, न्यारी न्यारी बानगी,
पण, बो घाणी रो, मजो, कौने रह्यो।

प्रैत आग्यो, अब कथा कै मायनै,
राजा, राणी रो, मजो कौने रह्यो।

बात म्हें, कुण की करां 'इकराम' जी,
मीठी बाणी रो, मजो कौने रह्यो।

माँ को काळजो

आज सुणावां साथ्यो थानै, म्हें मायड़ री बात।
माँ कै कारण ही मिलगी, या जीवण की सौगात।
रगत पिलावै माँयड़ म्हानै, सदा पेट में पाळै,
सारी हठ बा पूरी कर दे, कोई बात नहीं राळै।

एक गाँव में एक ही माता
राजी बीं सूं घणो बिधाता
बेटो एक लाडली बीं को,
ध्यान राखती हर पल जीं को।
बात या जाणे, जणो जणो,
अब आगे की बात सुणो।
× × × ×
घणो लाडलो बेटो माँ को, जद बो हुयो जवान,
प्रेम हुयो इक, छोरी माँही पड़ग्यो बीं को ध्यान।

प्रेम दिवानो छोरो छो, पण छोरी छी हुशियार।
मेरा प्रेम में पागल होगो, कतरो करसी प्यार?

छोरो बोल्या, मत समझै तू अतरो भी नादान,
तेरा प्रेम में छोरी मैं तो देद्यूं म्हारी जान!

छोरी बोली, तेरी जान तो, न्यारी ही रह बादै,
थारी माँ को काढ़ काळजो, बस मू नै त्यू ल्या दे।

माँ को काळजो-2

घोर अन्धेरो काळी रात
ऊ पर सूं होगी बरसात।

दारू की बोतल भी खींच्यो,
और छुरो हाथां में भींच्यो।

छुरो थामियो खुद कै हाथ,
प्रेम सूं ममता खागी मात।

माँ सू मिलबा बेटो चाल्यो,
धरती माँ को कण कण हाल्यो।

बात हिया की जा कै खोल्यो,
बेटो अपनी माँ सूं बोल्यो।

माता कोई माँगणै, थारो बेटो आयो छै,
तेरो काळजो मेरी मंगेसर, माँयड़ आज मँगायो छै।

बस अतरी सी बात? रे बेटा, तू मूनै क्ये पूछे छै,
ले जा मेरो काढ़ काळजो, मेरो काळजो भी तू छै।

तनै देख के, बेटा म्हारी, आँखड़ल्या ये फड़के छै,
नहीं काळजो म्हारो, ई कै माँय, सदा तू धड़के छै।

बस अतरी ही देर में, बेटो, छाती दीन्ही फाड़,
झूठा प्रेम में पड़के, माँ को लियो काळजो काढ़।

ले'र काळजो भाग्यो बेटो, खाकै पड्यो पछाड़,
रगत सनोड्यो, माँ को हिवड़ो, मारी एक दहाड़।

थारै सागै बेटा, थारी माँयड़ भी चालैली,
आँख खोल कै चाला रै बेटा, चोट तेरे लागेली।

माँ को काळजो-3

टप टप टप टप रगत टपकर्‍यो,
और काळजो घणो तड़प र्‍यो।

ले'र काळजो छोरो भाग्यो,
और प्रेमिका का कन्नै आग्यो।
देख हाल, छोरी चकरागी,
मन ही मन में, वा घबरागी।
थर-थर थर-थर काया डोली
फिर छोरा सूं छोरी बोली।
× × × ×
देख काळजो छोरी बोली, तू कौने इंसान,
थारै मन में दया नहीं कुछ, छै पूरो शैतान।
थारो रोवो, थारो हँसवो, माँ नै चोखो लागे,
तू तो सोवै और रात भर, माँयड़ बैठी जागे।
जनम जनम में अैंया ही, तू सिसक सिसक रोवैलो,
माँ को कौने हुयो, बता तू म्हारौ क्ये होवैलो।
× × × ×

जलम दियो माँ तूनै जग में, घणा कर्‌या उपकार,
माँयड़ की ताकत सूं चालै, यो सारा संसार।
सुरग पड्‌यो माँ का चरणा, सोच अरे नादान,
सेवा माँ की करो, सदा, राजी रहसी भगवान।

माँ को काळजो-4

सब सूं ऊँचो, माँ को नाम,
माँ कै चरणां में सब धाम।

माँ ही मसजिद, माँ ही मन्दर,
ये सारा छै माँ के अन्दर।

माँ ही मथुरा, माँ ही कासी,
माँ ही सुरग माँय ले जासी।

माँ, म्हानै पैदा कर दीना,
माँ ही मक्का, माँ ही मदीना।

साँची बात समझ ले या छै,
ये सारा तो माँ कै पाछै।

ऊठ संवोरे, माँ नै पूजो,
माँ के सिवा और ना दूजो।

गाँठ बाँध ले रै नादान,
माँ ही साँचो है, भगवान।

अठी बठी नै क्यांडै डोलो,
बोलो, बस माँ की जै बोलो।

(फ़िल्म : कजराली-नखराली)

गाथा पन्ना धाय री

पुण्य भौम इण धन्य धरा नै, वन्दन करां करोड़।
त्याग तपस्या तेज रो, यो ऊँचो गढ़ चित्तौड़।

सांगा जैसा शूरवीर, अर घणां हुआ बलिदानी,
ऐसो कोई घर नहीं जिणमें हुई नहीं कुरबानी।

सांगा सुरग सिधार गया तो घोर अँधेरो छायो,
ईं मेवाड़ी गद्दी नै, बनबीर हड़पणो चायो।

विक्रम सिंह अर उदय सिंह, दोन्यूं छोटा छा टाबर,
पन्ना दाई रो चंदण भी, आं कै रह्यो बराबर।

उदय सिंह नै, पन्ना दाई, अपणो दूध चुखायो,
चंदण भी हिवणै रो टुकड़ो, बो पन्ना रो जायो!

× × × ×

या सांची बनबीर, राज अब ईटाबर सूं ले ल्यूं,
सुख की सेजां मिलै, मौज सूं भोल्याँ माँही खेलू।

उदय सिंह काँटो है, इण नै, आज हटाणो पड़सी,
डंको अब बनबीर को, च्यारूं मेर बजाणो पड़सी।

•

बो बैरी बनबीर, बात या बिल्कुल बुरी विचारी,
कुंअर उदय सिंह ने मारण की कर लीन्हीं तैयारी।

चाल बाज बनबीर बिछा दी चारूं करनी चाल,
पण पन्ना नैकीरत बारी, बात दियो सब हाल।

"पन्ना माँ ईण कुळ पर संकट आयो इण नै टाळो,
कर द्यो सारो दूर अँधेरो, ऐसो दिवलो बाळो।"

अतरी सुण कै पन्ना भागी, राजमहल कै ओड़ी,
उदय सिह नै दैख्यो जिन्दा, थ्याक्स आयी थोड़ी।

उदय सिंह सूतो हो, लैके पन्ना दाई भागी।
कीरत बारी कै सामै बा, एक पलक मं आगी।

कीरत थारी कीरत होसी, तेरो भाग फिर्‌यो है,
तेरा चोल्या माँ ही, मै मैंवाड़ी सूरज गैर्‌यो है।

उदय सिंह नै लेगो कीरत, पन्ना दाई आई,
बीं का बिस्तर पै चंदण नै वा चुपचाप सुलाई।

× × × ×

पन्ना सांची, चंदण म्हारी ममता रो मोती है,
उदय सिंह उगता सूरज है, ई जग की जोती है।

चंदण चल्यो जाय, तो म्हारी गोदी होय उजाड़,
उदय सिह जीवै, तो जग मं जीवैलो मेवाड़।

माँ की ममता सूं भी आगे, होय मान मरजादा,
ई कुल मं तो मरण बड़ो है, जीवण सूं भी ज्यादा।

बेटा, तेरो रगत लाल, ई धरती पर बह जासी,
लिख जासी, इतिहास नयो, मेवाड़ धरा रह जासी।

दुनिया कहवै, क्यूँ भी, पन्ना तूनै क्यूँ करणो है,
स्वामी पै संकट आयो, अब सेवक नै मरणो है।

जीं कुळ मं सतियाँ, जौहर री ज्वाला मं जळ जावै,
मेवाड़ी मर्यादा, पन्ना को मनड़ो समझावै।

× × × ×

पन्ना मन मं सोच रही, कै आ पूग्यो बनबीर,
रगत भर्‌योड़ो खड्‌ग हाथ मं, दीखे घणो अधीर!

बोल्यो! पन्ना, उदय सिंह अब कठै भागकै जासी,
यो खांडो, विक्रम नै खागो, उदय सिंह ने खासी।

पन्ना बोली, उदय सिंह, हर दम जीवै बनवीर,
तेरे जैसो कुल कळंक, या मेवाड़ी तकदीर।

मनै उजाळो दीखै, अर तू अन्धकार मं दौड़े।
मूरख है तू, जो उगता सूरज सूं आंख्या मोड़े।

दासी हूँ, पण ई कुळ की मर्यादा मैं राखूँली,
अब मौको आयो म्हारो, मैं पाछी ना झाँकूँली।

इतरो कह कै, पन्ना कर दियो, चंदण कानी हाथ,
टूट पड्यो खांडो, चंदण को अलग हो गयो माथ।

× × × ×

ऐसी माँयड़, स्वामी साटै अपणो पूत कटायो,
कर ली छाती बजर, नेण सूं पाणी तक न आयो।

कुल की मर्यादा पै अरपण कर दिया, ममता लाड़,
उदय सिंह नै जीवण दे कै, बचा लियो मेवाड़।

जीं का कोमल प्राण काढ़ कै सुबक पड्यो खुद काळ।
देखा ओज्यूं ल्यार बताद्यो चंदण जैसो लाल।

सबको कहणो है, इतिहास सदा खुद नै दोहरावै,
पन्ना जैसी माँयड़ देखां, ओज्यू जग मं ल्यावै।

मात जसोदा तो कान्हा नै, बस गोकुल में पाळ्यो,
अपणो दीप बुझाकै पन्ना, दीप देस रो बाळ्यो।

पन्नारी गाथा गूँजै है, धरती रा कण कण में,
अब तक कोई हुयो ना आगे, पन्ना सूं अरपण में।

स्वामी साटै पूत कटायो, सेवा जोत जळाई,
धन्य धन्य वा धरा, जठै हो पन्ना जैसी दाई।

मेवाड़ी माटी मं, पन्ना, पन्ना की ज्यूं चमकै,
बलिदानी गाथा, सूरज की किरणां माँही दमकै।

जद तक है मेवाड़, रहेलो पन्ना थारो नाम,
या बलिदानी, गाथा, जुग जुग गावेलो इकराम।

चाली गोरी धीरे धीर

चाली गोरी, धीरे धीरे।
धक धक होरी, धीरे धीरे।
साल सोळवों दूर पड़्यो है,
थम जा छोरी, धीरे धीरे।

मन की मीरा बावळी

डगर-डगर अर नगर-नगर में,
डोलूँ बणकै बावळी।
हिवड़ै माँय बसी छै सूरत,
साँवरिया की साँवळी।
गळी गळी में डोलूँ मैं तो,
लगन लगड़ी ओढ़ के,
मंदर-मंदर डोलूँ मैं तो,
म्हैल माळिया छोड़ के।
जाणै कद मिलसी साँवरिया,
मैं तो घनी उतावळी।
हिवड़ै माँय बसी छै सूरत,
साँवरिया की साँवळी।

मीरा-1

मीरा मन कै मायनै,
घणा लडाया लाड़।
धन्य धन्य यो मेड़तो,
धन्य धन्य मेवाड़॥

❑

पगाँ खड़ाऊ खड़कती
हाथां में खड़ताल।
मीरा वन वन घूमती,
लै सागै नन्द लाल॥

मीरा-2

मीरा जैसी जद बणै,
थांकी मिनखा जूण।
ना तर जीवण यूं बणै,
ज्यूँ मिसरी में लूण॥

❑

मीरा माँ सूं गूँजतो,
यो भगती रो लोक।
कण कण पगल्यो धाकता,
परबत दे दण्डोक॥

मीरा-3

आओ साथ्यो सगळा आओ,
मन ही मन में ध्यान लगाओ,
मीरा माँ सूं मैं मिलवाद्यूँ,
हाथ जोड़ कै कर ल्यो मीरा माई नै परणाम!

मीरा मन की मीरा बणगी,
और सुरग की सीढ़ी चढ़गी,
मनकां, मनकां माळै मंड़्र्यो,
मोहन-मोहन नाम।
मीरा माई नै परणाम!

मेडता में जलमी
पाछै मेवाड़ै में ब्याही,
नटवर नागर बीनै मिलग[illegible]
होगी मन की चाही,
बण बैराग[illegible] चाली
कर लियो वृन्दावन में धाम।
मीरा माई नै परणाम!

मीरा माँ की जै जै बोलो,
अब तो गाँठ हिया की खोलो,
मीरा माँ कै चरणां पड़ जाओ,
मिल जासी घनश्याम।
मीरा माई नै परणाम!

कुरसी लाडली-1

सरदी में सोफ़ा भला,
गरमी में स्टूल।
कुरसी सदा सुहावणी,
सब मौसम, अनुकूल।

❑

कोई लकड़ी हाथ में,
कोई बळती आग।
जी सूं कुरसी बण गई,
धन धन बीं को भाग॥

कुरसी लाडली-2

कुरसी सूं 'माया' मिलै,
कुरसी सूं 'कल्याण'।
कुरसी माळै सौ रह्‌या,
नेता खूँटी ताण॥

❑

पाँच बरस की लूट छै,
लूटै जतरो लूट।
इकदिन ऐसो आवसी,
कुरसी जासी छूट॥

कुरसी लाडली-3

सारा दुखड़ा भागसी,
मिटे सभी सन्ताप।
जो कुरसी पै बैठग्यो,
बणग्यो सबको बाप॥

❑

कुरसी तू मंद भागणी,
कौण पाप तू कीन्ह।
मूरख सूं मूरख मिल्यो,
माथै पै धर लीन्ह॥

आंख्या खोल

नान्हा टाबर, फूल आपणा
करो लाड़ अर चाव।
बाळपणां में ब्याव रचाकै,
मत कर ज्यो अन्याव॥

❑

बाळपणां में मत करो,
सपनां चकनाचूर।
कांधा ये कमजोर है,
बोझ धर्‌यो भरपूर॥

माथा पर भाटा धरयाँ

माथा पर भाटा धर्याँ,
गावै गीत मजूर।
मिलग्या नरम विछावणा
नींद छै वा सूं दूर॥

❑

बरसां तक सजता रह्या,
जां का नित दरबार।
ढूढ़या सू ल्हा दै नहीं,
अब वां का घर बार॥

बन को पंछी

बन को पंछी, डाळ पै, बैठ्यो करै बिचार।
मन को पंछी उड़ रह्यो, सात समन्दर पार॥

गीत

आठ गयो, नौ भी गयो, और गयो दस!
भाग भाग म्हे तो थक्या, बसरै भाया बस!

लूट वाला लूट रह्या, माल चौगणा,
ना मिले, गरीब नै तो खाबा नै चणा।
बापड़ा मजूर को तो काढ़लियो कस।
बस रै भाया बस!

झूल गधेड़ा पै पड़ी, सारा ऐंठगा,
कांकरा भी, परबतां के मालै, बैठगा,
और क्ये दिखासी म्हानै, आगला बरस!
बस रै भाया बस!

कुर्सी मालै, बैठ गया, जाकै भायला,
सारा मिलकै, देस नै, ये सूत खायला,
पीढ्यो बीत जासी, नहीं होसी टस सूं मस।
बस रै भाया बस!

नैण में नेह राखो, बातां में मिठास,
हिवड़ा माँही राखो सदा, प्रीत री मिठास,
सारा जग में छलकै सदा, प्रेम को कलस।
बस रै भाया बस!

रोवे काळजो, ये सारा हाल देख देख,
म्हाँके, माळै, राज करै है, अंगूठा टेक,
कुछ भी नहीं, बण सक्या म्हें, रहगा ठस का ठस!
बस रै भाया बस!

सासू जी

सासू जी थांका पगल्या धो धो पीस्यां।
म्हें सात जनम या ही कहस्यां।
सासू जी थांका....

थे ही म्हानै दीन्हों साजन
जो छे म्हाँका मन री धड़कन,
वा नै देख देख कर जीस्याँ...।
सासू जी थांका पगल्या धो धो पीस्याँ।

चार धाम थांके चरणां में,
थां सूं ही परिवार,
जगमग जगमग जीं सूं रहवै
यो म्हाँको परिवार,
थांका चरणा माँ ही रहस्याँ।
सासू जी थांका, पगल्या धो धो पीस्याँ।

गरबा गीत

गोरड़ी ओ गोरड़ी, हिवड़े सूं प्यारी गोरड़ी।
चाल थारी ऐसी, जाणे, वन में नाचे मोरड़ी।

साजना ओ साजना जिवड़े सूं प्यारा साजना।
म्हानै तो थे लागो, सारा जग सूं, न्यारा साजना।
साजना ओर साजना....

नैणां में गोरी थारे, दीवला सा जळ गया,
ऐसी आग बरसे, जामै बैरी सारा बळ गया।
गोरड़ी ओर गोड़ी....

चाँद अब नयो उग्यो है धरती सारी सज गयी,
अन्त होसी पाप को, या बात मैं समझ गयी।
बालमा हो बालमा...

काळो मूंडो दुख को हुयो, रात गयी बीत रे,
जुलमी सारा हार गया, म्हे तो गया जीत रे।
साजना ओ साजना...

(फ़िल्म : रूपकँवर)

रूपकँवर

आमर में सूं गोळा बरसे, धरती करे धमाळ।
टिकट कटेलो बैरयाँ को, अब आगो बांको काळ।
रूपकंवर...

धरती थर थर थर धूने
अंबर कड़कै बिजळ्याँ गूँजे,
या तो तूफानां सूं जूझे,
सारा इक दूजे नै बूझै।
आगी रूपकंवर...

बणकै दुर्गा रो अवतार,
पकड़ी हाथां में तलवार,
मन में तेज भरी हुंकार,
सारा दुसमन दीन्हा मार।
आगी रूपकंवर....

या तो कौने, कोमळ नारी,
चमकै नैणां में चिणगारी,

फूँके पल में दुनिया सारी,
ऐसी मारे चोट करारी।

आगी रूपकँवर...

या है बेटी राजस्थानी,
लागै झांसी की सी रानी,
सोया मिनखा अब जागेला,
वैरी सब डर कै भागेला।

आगी रूपकँवर...

(फ़िल्म : रूपकँवर)

मीरा

मीरा नै जग मं मिल्यो,
नट नागर को साथ।
चली गयी बैकूंटम,
पकड़ पिया को हाथ।

इकतारा मं आत्मा,
चित माँय चौतार।
मोहन, मन कै मायनै,
मीरा की मनवार॥

कड़ाक कूं

प्रीत की डोरी बाँध ले गोरी, प्रेम को पाठ पढ़ा द्यूं।
ढाई आखर प्रेम का गोरी आजा आज सिखा द्यूं।
बोल म्हारी कूकड़ी, कड़ाक कूं।

थारा नैणा मं देखूँ मैं, मीठो मीठो सपनो,
पायल म्हारी छम छम बाजे, खण खण बोल कंगनो,
बोल म्हारा कूकड़ी, कड़ाक कूं।

होठ कंवळ की कळियाँ लागे, तीखा नैण कटारी,
फूलां सूं भी कोमल, काया केसर की सी प्यारी;
बोल म्हारी कूकड़ी, कड़ाक कूं।

साजन थारी सूरत म्हारे, हिवड़े में बस जावे,
आग लगावै मन मं म्हारे, जद तू नीड़ो आबे,
बोल म्हारा कूकड़ा, कड़ाक कूं।

बातां ही बातां में सजनी अतरा नीडै आग्या,
नैणा मं सूं चलकर, म्हारै हिवड़ै बीच समाग्या,
बोल म्हारी कूकड़ी, कड़ाक कूं।

साजन थांको मुखड़ो, मैं तो हिवड़े बीच समा ल्यूं,
काजळिया की रेख बणाकर, नैणां बीच रमा ल्यूं,
बोल म्हारा कूकड़ा, कड़ाक कूं।

जाडो लागे रे

ऊठ संवारे चार बाज्याँ की, नीचे भागे रे,
डागळा पै कैंया सोवां जाडो लागे रे।

डागळा कै माळै, यारो, घणो पड़े छै जाडो,
ठंडी ठंडी भाळ चालै कुण आँवेलो आडो।

खोस चादरो, छोरा छोरी म्हारा भागे रे।
डागळा पै कैंयाँ सोवां, जाडो लागे रे।

एक रजाई घर मं, जींम टाबर सोवै चार,
लोग लुगाई पाछै दोन्यूं, कठै जायला यार।

थर-थर कांपै दोन्यूं बैठ्या बैठ्या जागे रे,
डागळा पै कैयां सोवां जाडो लागे रे।

गोरड़ी ऐ गोरड़ी, हिवड़ा सूं प्यारी गोरड़ी

गोरड़ी ऐ गोरड़ी, हिवड़ा सूं प्यारी गोरड़ी।
चाल तेरी ऐसी, जागै, वन मं नाचे मोरड़ी।

साजना ओ, साजना हिवड़ै सूं प्यारा साजना,
मूनै तो ये लागो, सारा जग सूं न्यारा साजना।

रंग है निराळो थारो, टळवां तू गोरी है
तू है नालामाल, छोरी रूप की तिजोरी है,
प्रीत को या डोरी, मैं तो थारे सागै जोड़ली।
गौरड़ी ओ गोरड़ी।

तीखा तीखा नैण जां मं, मद भरी शराब है
गोरा गोरा गाल थारा खिल रह्या गुलाब है,
होठ जाणै, बाग मं सू, काची कळियाँ तोड़ ली।
गोरड़ी ओ गोरड़ी।

पकड़ ली कळाई थे तो मेरी बात बात मं,
आंगळी पकड़ कै, पाछै हाथ लीन्हृयो हाथ मं
प्यार का है रंग थांका कैसा न्यारा साजन
साजना ओ साजना....

दूर दूर रहवो म्हासै, लाज राखो थोड़ी रै,
या मळाई सी कळाई, कौरी क्यूँ मरोड़ी रे,
हँस रह्यो जमानो, देखे लोग सारा साजना
साजना ओ साजना....

कुरसी थारा नाम की

कुरसी थारा नाम की,
माळा फैरूं नित्त।
पूछ हलावै लोग सब,
राजी होवै चित्त।

मन्दिर मं, नेता गयो

मन्दिर मं, नेता गयो,
बोल्यो, कर, डन्डोक।
'लोक-सभा' मिल जाय तो,
सुधर जाय 'परलोक'।

पाँच बरस की लूट छै

पाँच बरस की लूट छै,
लूटै जतरी लूट।
जनता पै मत ध्यान दे,
रहसी छाती कूट॥

‘सोफा’ सिसकार्‌यां भरै

‘सोफा’ सिसकार्‌यां भरै,
‘ब्रेंच’ पड़्या बेहाल।
सबकै माळै नाचती,
‘कुरसी’ करे कमाल!

प्यार समझो तो!

ढाई आखर प्यार का छै, प्यार, समझो तो।
मत बणाओ ई नै थे, व्यापार, समझो तो।

ढूँढ़ता रस, फिर रह्या, खाली कळस ले कै,
ज़िन्दगी खुद, रस कळस छै, यार समझो तो।

जात धरमाँ मं मिनख नै बाँटता डोलो,
देस को यो ही छै बंटाढार, समझो तो।

अकड़्या-अकड़्या, फिर रह्या, झूठा जगत माँही,
सब सूं ऊपर बैठ्यो छै करतार, समझो तो!

चाँदणी छै, धूप छै, झिल मिल घणी हौवे,
ओस की सी बूँद, यो संसार, समझो तो।

आदमी सूं आदमी, 'इकराम' मिल जावै,
एक पल मं होवै, बेड़ा पार, समझो तो।

बेटा बस्या, बिदेस मं

बेटा बस्या, बिदेस मं, भूल्या माँयड़ बाप।
चिन्ता मं जळती अठै, नित्त चिता चुपचाप॥

बाजरा का खेत मं...

बाजरा का खेत मं तो चोखा लागे सिट्टा।
सेंक सेंक कर खाओ यानै, कैसा मीठा मीठा।
बाजरा का खेत मं...

तोड़ तोड़ कै भर ती म्हें तो बाजरा की बोर्‍याँ
खण खण चुड़्याँ बाजै, गीत सुणावे गोर्‍याँ,
बाजरा का खेत मं...

मोठ मिला कै बणै खीचड़ी या छै पक्की बात,
हाथ चाटता रह जास्यो, जद खाओ गुड़ की साथ।
बाजरा का खेत मं...

बाजरा की खीचड़ी छै, दुनिया मं सरनाम,
ठण्ड मं ई नै खाज्यों, था नै समझावे 'इकराम'।
बाजरा का खेत मं...

काणा की कीमत गई

काणा की कीमत गई,
पांच लाख तक ठेठ।
दो आंख्या का नींद की,
लागै दुगणी रेट॥

❑

टीकी फीकी पड़ गई,
सूळी जणगी सेज।
जकै चिता में गोरड़ी
बैरी ब्रण्यो, दहेज॥

❑❑